집으로 돌아가는 길

강민수 제9시집

집으로 돌아가는 길

한강

서시

내 가슴속의 청기와 집
열두 골 푸른 달빛이 흐르고
뒤뜰 대나무 숲 사이에 놀던
이슬 젖은 달빛은 배꽃처럼 떨어지고,
속을 비우고 비워야만 전설이 되는
저, 퉁 퉁 마 디 의 외 침
화석으로 새겨지고,

내 안에서 나를 볼 수 없어
타인의 거울 빌려 여럿인 나를 본다.
마음 저울의 '영점'은 바로 나인 것도 모른 채
채울 수 없는 것을 채우려 허방 놓던 걸음들
나달 속에 흘려보내고,

구멍 없는 피리를 불던 부질없음도 접어 두고
대나무 지팡이 하나로
주유천하周遊天下를 채비하며
내 후기 삶의 헌장憲章을 큰 소리로 읽는다.

"오늘 할 일을 내일로 미루자."
"생각을 비우고 멍 때리며 살자."

덜고 덜어 내니 이젠 이불 킥은 없겠다.
창밖에 걸어 둔 풍경이 오늘따라 더욱 아름답게 보인다.

2024년 10월

강민수

강민수 제9시집   집으로 돌아가는 길

□ 서시

제1부 기억 저편의 기억

기억 저편의 기억 ——— 13
계절의 향연 ——— 15
창밖 시간 수리공을 바라보며 ——— 17
사월의 만개 ——— 18
목마를 떠나보내며 ——— 20
갈변의 항의 ——— 21
화살기도 ——— 23
개미 왕궁에서 보내온 부고 ——— 25
여의도 연가 ——— 27
박쥐 타령 ——— 30
참새의 하루 ——— 32
평산 연가·1 ——— 34
평산 연가·2 ——— 37
어둠은 빛을 이길 수 없다 ——— 39
핍진성의 실종 보고서 ——— 41

집으로 돌아가는 길 강민수 제9시집

제2부 집으로 돌아가는 길

- 45 —— 보문 호반길을 거닐면서
- 47 —— 삶의 저편
- 49 —— 삶의 뒤안길
- 50 —— 바람의 방
- 52 —— 덕수 아재
- 54 —— 내일 또 내일
- 55 —— 만추·1
- 56 —— 만추·2
- 57 —— 어머니의 초상화
- 58 —— 떠나는 그리움, 너 낙엽
- 60 —— 망부석
- 62 —— 못에 대한 명상
- 63 —— 불씨
- 64 —— 산다는 것·2
- 66 —— 산다는 것·3
- 67 —— 집으로 돌아가는 길·2
- 69 —— 집으로 돌아가는 길·3
- 71 —— 나달이 지나는 길목

강민수 제9시집 집으로 돌아가는 길
차 례

제3부 바람이 전하는 말

바람이 전하는 말 —— 75
신들의 정원 —— 77
할머니의 수레 —— 79
탈색된 자화상·1 —— 81
탈색된 자화상·2 —— 83
아내의 잠 —— 85
화려한 절망 —— 87
우문현답―제1강 구멍 없는 피리 —— 88
우문현답―제2강 하나님 —— 89
우문현답―제3강 득음 —— 90
우문현답―제4강 고행 —— 91
우문현답―제5강 순명 —— 92
우문현답―제6강 골산 —— 93
묵시록·2 —— 94

집으로 돌아가는 길　　　강민수 제9시집

제4부 사계의 미소

97 ── 사계의 미소
99 ── 세월 공작소
101 ── 날개가 닮았네
103 ── 융의 원형을 찾아서
105 ── 다비장 가는 길
107 ── 폐사지의 풍경 소리
108 ── 구룡지의 달빛
109 ── 화두를 찾아서
110 ── 부처의 외출
112 ── 구선봉을 바라보며
114 ── 천년 전 나를 찾아
116 ── 와불의 그림자
118 ── 꽃무릇·2
119 ── 길 위에서 길을 묻다

▫ 해설_기청
▫ 후기

기억 저편의 기억

제1부

기억 저편의 기억

징비록懲毖錄을 꺼내 먼지를 탈탈 털어
이운移運해 보는 아침
삶에 무언가 큰 족적을 남길 것이라는 착각이라도 가져야
맥박이 뛴다던 시간은 지나고
기억 저편을 스치며 알았네
피 터지는 몸부림도 부질없다는 것을,

직선은 인간의 영역이고 곡선은 신의 실루엣이라는 이상과 현실의 간극

창호지 안쪽과 저쪽의 무한無限
안쪽은 생의 들판이고
바깥쪽은 꿈의 파노라마다
텅 빈 충만
풍요한 빈곤
겉옷 한 벌 걸어 놓고 미련 없이 떠난 매미의 애련哀憐
나는 어디쯤에 닻을 내려

비 오는 밤거리를 헤매고 있을까

손 내밀면 한 옴큼씩 빠져나오는 삶의 더께들
넘어졌을 때 푸른 하늘 바라보지 못한 무지몽매
오늘 밤도 수루에 앉아
외출에서 돌아오는 영혼들의 뒷모습을 우두커니 바라보는
초점 흐린 눈빛
물속에서도 물이 고프다는 저 군상들
아직도 신천지에서 보내온 문장 부호를
해독하지 못하는 허망 그리고 절망

오늘은 라그랑주점點*에서
기억 저편의 기억들을 불러 모아
풍경처럼 바람에 맡긴 룽다[風馬]의 기도를 가슴으로 함께 듣고 싶다

※라그랑주점: 두 천체의 중력이 0이 되는 점. 우주 정류장이 떠 있는 공간

계절의 향연

바람이 분다
산 소리 우렁우렁 내려온다
첩첩산중 오두막 뒤 개울물 소리는 태평한데
온종일 턱을 괴고 하늘에 비손을 하건만
지나가는 나무꾼 한 사람도 보이지 않고
산채에 갇힌 독방의 고요함뿐,
하늘엔 화탕지옥이 넘쳐흘러 세상을 달구니
수목이 혀를 빼고 고개를 설레설레 흔든다
이 모든 것도 한순간 바람이 되어 어제가 되리라

태풍 소식에 열독이 조금 가신 듯하니
어디선가 새소리 들리고,
사계절 오케스트라 단원이 막 도착하여
음을 맞추고 있다
이 산중에 혼자 감상하는 연주회가
독방에 위리안치圍籬安置된 신세이긴 해도
그것만으로도 큰 위로가 된다

세상에서 가장 큰 원형 무대엔

봄이면 일사불란한 개구리악단의 합주
여름이면 매미악단의 계절 소나타의 향연饗宴
가을의 거울 앞에 서면 온 산을 미치도록 아름답게 물들이고
펼치는 잠자리 무희들의 현란한 춤사위, 그리고
귀뚜라미의 녹음 CD 한 장을 곱게 싸
우체국으로 달려가는 연정의 몸부림도 있다
겨울이면 흰 앞치마를 두르고 세상은 평등이라고 외치며
크고도 긴 플래카드를 무너미 고개에 펼쳐 든 여신을 만난다

모든 죄를 사해 주는 차가운 풍요

창밖 시간 수리공을 바라보며

시간이 고장 난 생의 한 조각
격정이 흘러가고 휑하니 빈 마당 지나온
온갖 기억의 파편들을 태워 날리고
천애天涯고아가 되었다

운명도 눈물이란 것도
아카시아의 진한 꽃내음
다 망각의 벽류碧流 위로 띄워 보내고
내일을 위해 놓을 발자국을 그려 본다

신이 저버린 인간들이 나직이 목소리 합해
부르는 비가悲歌가 들려오는 밤이 오면
파란 혈맥 속으로 쏴 소리치는
그리움의 몸살
꿈의 여백에 기대어
투명透明의 호수 위로 떠 오는
어머니의 사랑을 그려 본다

  세월이 흐르는 호수 깊이 침잠하여 하나둘 셋 손가락을 헨다

사월의 만개滿開

우리 누이 어섯 풀린 개울가를
뒤태 곱게 건너와서
온 세상 붉게 만들어 들뜨게 하더니
화려함을 넘어 눈이 시리다
난분분 휘날리는 꽃잎
자동차 바퀴에 깔리는 봄, 봄
아! 너도 아프고 나도 아프다

나무들 옷고름 푸는 소리
뜰 앞에 쌓인 적요도 눈을 감고 흐른다
사월은 흑과 백의 계절
타실타실한 용접꽃 핀 세월의 궤적
웅심雄心 깊다

파발마 타고 온 그대여
바람이 자리 비운 날
네 설움 내 설움을 펼쳐 놓고
훨훨 춤이라도 추어 보자꾸나

토렴이 안 되는 세월이 야속하다고
눈화살이라도 쏘아보고
참았던 사자후獅子吼라도 질러 보자

목마木馬를 떠나보내며

책장을 넘긴다
넘길 때마다
때로 수줍음과 때로 울먹이며 오는
빛바랜 기억들이
바람 든 세월과 함께
멀어져 가는 햇살 한 줌에도
등이 시려 오는데
피로한 그림자
오늘은 내 귀밑머리에 서리로 앉아
언젠가는 비워 주어야 할 그 자리에서
허전하게 맴돌고 있다

갈변褐變의 항의

그대여
손을 흔들지 마라
내침 깃발 올려졌다고
그렇게 비릿한 시선으로 바라보지 마라

나는 절체절명의 순간에 서 있다
스스로 갈변함은
내 순수한 생존의 의지이며
하늘 가득한 어둠에 대한 대항이고
모순을 극복하기 위한 몸부림이다

단언하건대
나도 한때 선망의 중심에 서 있었고
푸른 과원을 웃음으로 가득 채우며
속살 붉게 물들 땐 유혹의 손길도 가득했다
지존으로 살아온 날이 어디 몇 날뿐이겠는가

어느 순간
손님 떠나자 줌마의 한마디

"갈변했잖아, 내다 버려."
싸늘한 시선 잊을 수가 없네
아니 조금 전까지 모양내고 분칠 분주하더니
천당에서 지옥으로
청자 접시 위에 앉아 도도하던 실낙원의 별도, 순간
쓰레기통으로 내던짐 당하니
온 세상이 화탕지옥 같다, 허기사
밤새 가방 싸 경계지로 야간도주하는 일 허다하지만
못 볼 걸 본 것처럼 내던진 냉정한 돌변突變
서럽다 못해 사과라는 이름을 지우고 싶다
세상의 인심이 이다지도 야속하단 말인가

삶이 눅눅해지면 시장에 가보라지만
시절 지나면 쌓이는 허무
천하를 풍미했던 시간 지나니
늦가을에 만나는 허무는 더욱 쓸쓸하다

화살기도

침묵은 고요를 빠져나와
우수의 들판에 서서 빈 가로수 작은 흔들림까지
연민의 눈빛으로 바라보다가
우울한 가을빛 향기
이별의 빙점을 지나, 이내
푸른 신호등 속으로 풍덩 뛰어든다

영취산 자락 이 깊은 독짝골에도 세월을 안고 오는 손님 있어
촛불을 켜는 사람
어둠이 채 가시기 전 소나무도 춤춘다는
무풍舞風의 길을 걷는 사람 있어 여명이 붉다

누군가의 기쁨이 되기를 바라는 화살기도
터진 솔기 속 찾아드는 햇살 같은 밝은 피톨들
영취산 닮아 제 줄기에서 빛나기를 바라는 욕망
그러나 평산 마을은 여전히 상왕 놀이 한창이다

남은 생의 첫날인 오늘

뭉크의 절규를 본다. 삶이 순탄하고 아름답다면
어찌 저리 절규할까
표피 한 장 들추면 까칠한 놈, 억울한 놈
들이, 모여 앉아 손금을 열고 외로움의 중심을 열고
있다

천장에 매달려 낙하의 두려움에 손톱에 피나도록
움켜쥔 아픔을 본다
지구에서 튕겨나지 않으려고 발밑에 무쇠 징을 박
는 일상
언젠가 닳고 무뎌지면 나도 튕겨 가리라

뻘짓을 삼킨 여로旅路
되돌아보며 화살기도를 보낸다

개미 왕궁에서 보내온 부고訃告

개미 왕궁 붉은 노을 받아 빛나고
영취산 줄기 그 깊은 연혁沿革으로 자부심 가득한 왕궁

줄줄이 띠를 이어 먼 순례巡禮길 나설 때는
호흡 맞추며 작고 느린 걸음으로
사랑아 끝까지 함께 가자 노래 부르며
땅바닥에 검은 글씨를 쓰던 일이, 엊그제인데

댓돌 밑 개미 왕궁에 여왕이 승하하셨나 보다
의전 담당 개미는 나팔을 둘러메고 둥둥 북소리 따라
하늘문을 열고 있다
조기弔旗 내걸리고 수많은 후손들
검정 옷으로 갈아입고 곡비哭婢 도착하자 곡소리 높아진다
한쪽에선 대중공사 의견 분분한데,
흰 두건을 쓴 집사는 명정銘旌과 만장輓章에 글귀를 새기고 있다

문중 어른의 애달픈 조사 끝나고
　5언 절구와 7언 율시가 적힌 만장輓章 뒤를 문무백관文武百官 따른다
　선소리꾼의 애달픈 해로가에 온 산천이 출렁인다

　한 뼘 거리가 그들에겐 백두대간白頭大幹이므로
　누가 과연 미물인가 물음도 없이
　그저 타박타박 화엄 세상을 건너갈 뿐이다
　오체투지로 살아온 한생
　그들의 몸 자체가 경전이다
　그 경배敬拜를 짓밟지 마라!

　직립한다고 으스대는 인간들이여!

여의도 연가

 갈라진 시멘트 사이, 잿빛 하수구, 맨홀 덮개의 작은 구멍 틈까지 바람결에 날아와 앉은 곳에서 잎을 내고 꽃을 피우는 들풀들, 잡초라 불리는 주인공 들풀은 누군가에게 고백하듯 말한다. "작은 틈만 있으면 나는 다시 태어날 거야. 멋진 곳이 아니어도 좋아. 어디라도 틈만 있으면 나는 활짝 피어날 수 있어."
 세상의 주인공이 아니면 어떠냐고, 자신의 자리가 없으면 뭐 어떠냐고 이 세상의 잘난 놈들에게 묻는다. 한 줌의 흙과 햇빛을 내어 주는 하늘만 있다면 자신은 꿈꿀 수 있다고 당차게 이야기한다. 더러는 잘난 척 여의도의 뜨내기 꽃송이들, 선량인 척 가면 속의 그림자 그 꼴이 목불인견目不忍見이다

 열악한 환경을 탓하지 않는 들풀의 자존감을 보다가 오버랩되는 여의도의 선량들을 생각하면 화가 치민다. 조선 시대의 허망한 정치 싸움을 보는 것 같다
 당대 논리 속에서 이理가 우선인지 기氣가 바탕인

지 하는 논리로 하세월을 보냈지. 조선 시대 당쟁을 탕수육 먹는 법에 빗댄 글이 있다. 중국 음식 탕수육이 조선에 들어오자 논쟁이 벌어졌다. 소스를 부어 먹어야 한다는 '부먹파' 동인東人과 찍어 먹어야 한다는 '찍먹파' 서인西人이 다툼을 벌였다. 이로 인해 동인은 둘로 쪼개졌다. 소스를 붓더라도 양해를 구해야 한다는 남인南人과 양해는 무슨 그냥 부으면 된다는 북인北人이다

서인西人도 분열을 피하지 못했다. 소스에 여러 번 찍어 먹는 게 좋다는 소론少論과 여러 번 찍으면 부어 먹는 것과 무슨 차이가 있느냐는 노론老論

원칙론자 노론은 다른 방식으로 먹는 자들을 사문난적斯文亂賊으로 규정했다. 이후에도 소스에 찍고 나서 간장에 찍으면 어떠냐는 시파時派, 소금에 찍으면 됐지 간장에 왜 찍느냐는 벽파僻派로 분열을 거듭했다

헛웃음이 나오는 우스갯소리지만 이보다 깊은 통찰이 또 있겠는가, 목숨 걸고 싸웠던 당쟁이 고작 탕수육 먹는 방법을 놓고 다투는 하찮은 일이 아닌가?

같은 하늘을 이고 살 수 없다는 듯 서로에게 극단의 언사와 몸부림이 오늘의 이 땅 위에 재현되고 있다

지금 여의도의 나대는 꼴이 탕수육 먹는 방법으로 피 터지는 꼴을 보인 사색당파四色黨派 싸움과 다름이 무엇인가

박쥐 타령
— 여의도 선량選良을 향한 조곡弔哭

저놈들이다

순한 백성 가슴에 소금 뿌려 짓이기는 놈들이
여의도 망할 섬에 둘러앉아 지랄 염병들을 하고 있다
노는 꼴이 참 가관이다
공의식은 실종하고 정치업자만 판을 치니
그 섬 뚝 잘라 태평양 한가운데 버리고 싶다
새카만 그림자 밤의 휘장을 찢고
목덜미 물어뜯던 놈들이 모여서
검은 음모는 저놈은 사타구니에 감추고
저놈은 모략과 중상을 발톱 아래 감추고
이놈은 붉은 주둥이 속 음흉한 이빨 감추고
 또 염병할 일 있어 뉘는 또 저승 명부를 뒤지고 있는데,

 해가 중천中天까지 올라 쓸데없는 걱정이 텃밭 지심 돋듯 고개를 내밀어도 낮술 한잔에 취기가 오른 똥배짱이 그 옛날 김삿갓 어른의 죽장을 거들먹거리며 도끼자루 썩어 내리는 줄 모르는 사정이사 그래도 양반

이지 개나 소나 헛바람 들어 굿샷! 하는 통에 잡초가 민초를 깔아뭉개는 요즘 세상 요지경 속 같은 세상 쌍심지 돋워 게거품 물어봤자 쑥굴헝 같은 인생사 달라질 것 아무것도 없기는 매일반인데,

  자고 깨면 들려오는 하늘 무너지는 소리 차곡차곡 쌓이는 백골징포 그도 약과라 한겨울 곶감 빼먹듯 이놈 저놈 후려치니 소리 소문 없이 피골이 상접한 우리네 살림. 어느 놈 집구석엔 수억 원이 둘 곳 없어 굴러다니는 세상 하늘 향해 침이라도 뱉고 싶다

  민초는 오늘도 당신들을 위한 거한 제상 차릴 장소를 찾아 나선다

참새의 하루

새벽녘 내리던 비 그치고 세상 잇는 선 위에 앉은 아빠
먼저 저만치 가시나무에 매달린 식탁을 가늠한다
전선줄 아래엔 화사 뱀이 지나간다
바람결에 중심 잃어 뒤뚱이며 다리 위를 달리는 기차의 기적 소리

황새가 미꾸라지 잡는 모습을 보다가
과속으로 내리꽂은 수심 낮은 개울
머리가 어질어질 뇌진탕인가
세상이 빙글빙글 돈다
새끼 있는 천둥펜션으로 가야 한다는 생각뿐!
생각과 다리가 따로 논다

오늘에야 내 다리를 본다
새 다리 "이 성냥개비 같은 연약함으로 하늘을 이고 살았다니."
머리가 아파 온다, 풀섶에 기어들어 생각한다
증조할아버지가 지산골 벽화에 머리 박아 떠나셨지

할아버지 객기 부려 수양버들 가지 사이 곡예하다
"뱀 주의" 팻말에 머리 박아 구렁이 잔칫상에 올려졌고,
아버지는 할머니의 목소리 좋다는 칭찬 소리에 시도 때도 없이
노래 부르다가 고무새총에 생을 마감했다
이 무슨 세상 풍파가 내림인 양 지나갔다
아내의 고함 소리에 머리를 싸매고 절룩거리며 돌아온 집안에는
아이들이 입을 벌리며 아침 달라 필사적이다

평산 연가 · 1
— 상왕촌上王村

내가 사는 산촌이 상왕촌上王村이 되었다
지난가을 양복쟁이들이 수시로 왔다 갔다 하더니
뒤이어 줄자 든 놈들이 먹줄 튕겨
동서남북 기둥 박는 소리 나더니
언덕배기에 품계석品階石이 세워지고
이곳은 왕의 땅이고
그 옆은 별운검別雲劍이 꼬박거릴 땅이니
누구도 탐내거나 바라만 봐도
삼족을 멸할 것이니 알아서 기라는
붉은 글씨 포고문이 나붙었다

 벌써부터 갓 쓴 노인들 힐끔힐끔 곁눈질로, 혀를 끌 끌 차며 나비 날갯짓에도 뒷집 제삿날인 걸 알아채던 이 조용하던 산골에 상왕 납신다 하여 마치 폭탄 터진 탄착점처럼 뿔 달린 말들이 무성하다. 옆 동네 입방아들 상왕촌에 살면 도둑 걱정 없겠다고 부러워도 하고, 또 어떤 이는 은전 몇 냥 받았냐고 묻는 눈초리 따갑다. 단지 이사 떡 몇 조각 먹은 것밖에 없는데,

어좌 드나드는 어도御道를 만든다는 소문에 어좌 지나갈 때 촌 늙은이들도 길가 납작 엎드려 부복俯伏해야 한다는 둥 아니 그렇지 않으면 별운검의 육모 방망이에 골병들겠다고 걱정이 태산처럼 쌓여 간다. 아이고, 무서봐라 이러다 명줄 놓는 거 아닐지, 밥상머리 둘러앉은 식솔들도 한술 뜬 숟가락이 사시나무 떨듯 떨고 있네

 이른 꼭두새벽부터 긴 줄이 허우적거리기에 어디 초상난 집도 없는데 하고 돌아서는 순간, 순도 높은 마이크 소리는 사방에서 왕왕대고 태극기 물결은 온 마을을 뒤덮고 있다. 이 촌 늙은이도 마음 급해 농 속 바지저고리 꺼내 한 가랑이에 두 발 넣고 달려가 보니 아이쿠야! 상왕 알현하는 줄이라네. 높은 어좌에 앉은 상왕을 곁눈질이라도 보려면 책을 사야 가능하다니 이름자도 모르는 늙은이는 평생 상왕 보긴 틀렸다
 애들 모아 놓고 명심 또 명심해야 할 일은 상왕촌 밖 3백 미터 안에 들어가면 그때는 밥숟가락 놓는

날이란 사실을 머리에 이고 살아야 한다고 훈시하는 아침

천지개벽天地開闢이 되었네. 이 무지랭이 산골에,

평산 연가 · 2
— 평산 마을 소고

메아리가 건너 상왕 불러대더니
눈에 핏발 선 사내들
논밭을 사이에 두고 대치중이다
누가 불러 이 아수라장인가,
나비 날갯짓에도 파장을 느끼던 맑은 마을에
누가 돌멩이 던져 이토록 난장판 만들었나?
어느 쪽이 칼날을 더 벼리는가의 검투사의 경연장인가
  부르짖는 목소리엔 아픔과 원망이 가득한데,
  담 넘어 개 짖는 소리만 평산 마을 가득 채우네,

당신은 피닉스인가요?
귀를 막고 눈을 가린 숨바꼭질
그래도 뒤쪽으로 난 개구멍으로
간혹 부처 몸에 안긴다는 풍문만 무성하고
어쩜 이토록 무자비하게 국민의 마음을 편 갈라
원수를 양산해 놓는가?
내 편 아니면 결혼도, 밥도 함께 먹지 않는다는
울고 싶어도 울 수 없는 기막힌 현실

당신의 한마디에 분노의 강도는 더해 가고
빤질했던 지난 시간은, 그저
장날에 우르르 몰려가던 똥개들의 소풍이었나,

콧속에 코털 있고 눈 밑에 눈썹 있어 걸러내건만
당신의 가슴엔 거름망 없어
나대는 꼴이 역대급이라
골목마다 한숨 구르는 소리 벼락같다

왠지 서글퍼 황천가 한가락 흥얼거리고 싶은 날이다

어둠은 빛을 이길 수 없다

불은 꽃이 되어 사랑을 잉태하고
꽃은 불이 되어 그리움을 불태우는데
변질된 촛불의 황망함이 참 황망스럽다

촛불은 자신을 태우고
국민 마음을 태우고
태우고 다 태우고 나면 푸른 집의 형틀도 보이게 될까
오늘도 여의도엔 개 짖는 소리만 요란한데,

세상이 미쳐 날뛰고 있다
민초가
국회의원을, 위정자를 걱정한다. 세상에나!
마을 이장도 못할 무식한 놈들이 국회의원이라니,
핍진성逼眞性※ 없는 작자들

개가죽을 뒤집어 쓴 놈들
하늘이 땅이 되고
땅이 하늘 되는 세상 올까 봐 두렵다

민화투에서 쓸모없는 껍데기들
의사당에 다 모여 판을 치는 세상이니
얼굴 두꺼운 놈들 보기만 해도 구역질이 난다
민초가 칼 들기 전에
가면을 벗고 소리 없이 떠나다오

※핍진성: 허구의 이야기 속에 국민이 납득할 수 있는 개연성을 만들어 내는 것

핍진성逼眞性의 실종 보고서

　세상에서 내가 나를 가장 잘 알 것 같지만
　그러기는 쉽지 않다
　오죽하면 그리스 델포이 신전에
　"너 자신을 알라"라고 새겼을까
　소크라테스는 자신의 무지를 아는 게 진짜 앎이라 했다
　자신이 어떤 사람인지 아는 것이야말로 삶의 원천인데
　자기가 어떤 사람인지도 모르는 군상들이
　세상을 혼란에 빠뜨리고 있다
　여의도도 그러하고, 문학판도 그러하다
　혐오하고 담쌓는 일에 언어와 활자를 쓰는
　이 부박浮薄한 시대에,
　내가 호명하지 않아도 호명되고 있음을 모르는 당신
　간 빼 주고,
　쓸개 빼 주고,
　눈알 빼 목걸이 만들어 주고,
　주고 주고 또 주고 나면
　무엇이 남을까

중심 없는 팽이는 미래가 없다는 진실
알까, 모를까

우리에게 낮게 달린 과일은 이젠 없다
군상들이여,

집으로 돌아가는 길

제2부

보문普門 호반길을 거닐면서

봄의 향연에 초대장을 들고 달려간 서라벌
무싯날인데도 보문호수를 가득 메운 미소 벙글고
청둥오리 한 쌍 아랫마을에 소식 전하고 돌아와
서로의 깃털을 골라 주는 정겨운 정오
보문의 화덕 위로 퍼붓는 꽃불 난분분하고
촌 늙은 영감[野翁]은 천년 세월 달리던
말발굽에 편자를 대고 못질을 하고 있다

침묵을 조금씩 밀어 올려
화랑이 달리던 그 땅의 틈새로
꽃눈 틔우던 여린 가슴에도 연초록 새순 돋아
서라벌 들판을 파랗게 붓질을 하고 있다
방목한 꽃수레 가슴에도 청보리가 자라고
온몸 가려워 애태우던 벚나무도 만발滿發이다

메아리는 산울림 되어 물비늘에 수채화를 그리고
흔들리는 천년의 그리움은
여울지며 가라앉으며
하늘의 키 높이를 재고

산이 저토록 아름다운 것은 호수에 뿌리를 담고 있
기 때문이다

  마당까지 따라온 신라 천년의 미소
  수막새를
  나뭇가지에 걸어 놓고
  바람은 빠르게 오솔길을 깨워
  청대밭[靑黛田]의 바람개비를 돌리니
  두런두런 일어서는 기척에
  아내가 그린 액자 속의 지붕이 오늘은 더욱 붉다

삶의 저편

눈물로 숙성시키며 가야 할 길 저기 있으니
비문秘文도 없는 속수무책束手無策을 읽으며
오늘도 생의 바다를 항해 중이다

삶은 어차피 죽음의 중력에 종속돼 있다
누구나 지구 밖으로 한번은 떨어진다
바닥이 보이지 않으니 외면하고 있을 뿐,

인간은 건강의 왕국과 질병의 왕국
이중 국적을 가지고 태어난다
우리는 좋은 여권만을 사용하기 바라지만
누구든 언젠가는 질병 왕국의
시민이 될 수밖에 없다
그것이 삶 저편의 속살이다

포개고 포개져서 융합의 더께를 만들기까지
얼마나 많은 시간을 비비적거렸을까
운명 아닌 운명 같은
헛것들의 한복판에서 묵묵히

고향 뒷산을 짊어지고 살던 바위의 침묵
바위의 호적에 들어 침묵의 가솔이 되면
켜켜이 쌓인 업보 감면해 주실는지

내 안에서 오래 울다간 슬픔의 뒤꿈치가 보인다

삶의 뒤안길

알천북로를 지나 불국사 초입에서
화랑의 실루엣을 보았다
천년 세월을 구름 속에 머물다 찾아온 현몽
돌아서는 아쉬움의 뒷모습
삶의 지문이 저토록 선명할 수 있단 말인가

문득 놓이는 무거운 발걸음
석경石鏡을 거꾸로 비춰 천년을 거슬러 오늘을 본다
물고기 비늘에는 바다가 새겨지고
인간의 가슴엔 삶의 흔적이 화석으로 남는다는데,
지문 속에 생채기로 남은 옹이
순리에 손잡지 못한 나의 모습은
어느 계단참에서 용서와 화해를 기원하고 있을까

가장 낮은 곳에서
가장 먼 꿈을 꾸는 탕자의 그림자엔
언제나 애잔함과 후회가 남는다

바람의 방

조금씩 집을 허물고
어둠의 벽을 밀어 올렸다
파란 하늘의 가장자리를 들쳐 올리면
허기진 꿈이 어린 가지를 휘어잡고 뛰놀고 있었다
열여섯 가출家出의 잊지 못할 노래
하왕십리 우주이발관의 추억
늦가을 첫서리 올 때 뒤돌아보니 한 편의 무성 영화였네,

수런대는 들풀들의 바람 소리, 날개 꺾인
숨소리에도 귀 기울이고
껍질을 깨고 벽을 허물고 걸어 나오는 지난 이야기들
아이스케이크 통을 메고 오르던 남산
서울역 뒤 염창동의 수제비 한 그릇은
짙은 눈썹 갈피마다 몇 갈래 길을 내고
아픔이 지나간 자리 뒤돌아보니
빈손에 향내 물씬한 삶을 건네주고 간 이정표였다

가슴 깊이 숨겨 놓은 희망의 씨앗 한 톨

싹을 틔워 푸른 숲을 가꿀 수 있을 그
숱한 세월의 파노라마
오늘은 내 기다림의 뜰에 메아리로 살아 있다

덕수 아재

가을비 내리는 날 오후
고향 집 돌담 너머 덕수 아재 집이다
자식 따라 서울로 떠난 아재
떠나기 싫다며 황소울음 울던 아재
풍문엔 세상 떴다는 이야기도 있고
서울역 뒤쪽에서 붕어빵을 굽는다는 말도 있다

처마 밑에 덩그러니 외로워 보이는
아재의 보물인 지게가 보인다
장독대 옆 꽃들은 간만에 가슴을 열고 갈증을 식히고
그토록 열심이던 보물이 긴 휴식에 들어
두 다리 쭉 뻗고 단잠에 코까지 골고 있네
아재가 지게고 지게가 아재이듯 일심동체一心同體이더니
투박한 두 손 모아 화살기도를 하고 하다
간혹 지게 목발 장단 맞춰 부르던 "울고 넘는 박달재" 한 소절
빨래처럼 지게 작대기에 걸린 오후

그냥 맨손으로 고봉밥 받기 싫다며
지게를 걸머지던 소박했던 아재
도롱이 쓰고 빗속에 나타날 것 같은 모습 선연하다

어제의 햇살 한줌
아직도 지게 위에 졸고 있을까
물맷돌에 허물어진 아재의 세월
사립문에 탈색한 우편물만 바람에 흔들리고 있다

내일 또 내일

메사니도 지쳐 머문 그 깊은 고요 속에
바램은 목 메인 채 고개 넘는 구름
영취산 자락 심상心想 한 벌 벗어 두고 간 자리
딱따구리 한 쌍 천수경을 쪼고 있다
이 얼마나 황송하고 감읍感泣할 일인가

청산은 아득히 멀고 해는 또 저무는데
그리움이 한으로 맺혀
피를 뿜고 타는 노을
먼 산 옥색 고요를 불러 서로에게 기대며 고쳐 앉을 내일
전날에 불꽃 튀기며 혈서로 외치던 일
깊숙이 새겨 싸안고
두 손 모아 합장하여 서본다

만추晩秋 · 1

붉다

태운다 온 산을,

단풍으로 멀미 난다

대낮부터 낮술에 취할 리는 없겠지만
돌아서 옆을 보면 화들짝 붉히는 낯익은 얼굴

서러워 서러워서 눈물 난다

활활 타오르는 불길 속의 연꽃이다

만추晚秋 · 2

화공이 떨어뜨린, 저 시리도록 아픈 단풍
불러도 붙잡지 못하는 바람
그 바람 따라 긴 여로에 나서는 붉은 물결
뭇사람 가슴 설레게 하더니
이제 그냥 떠나신다구요
임이 떠나는 산마루에 서서 가슴앓이를 하네

한 계절 살아온 스스로를 뒤돌아보면
울긋불긋 마치 한 자루의 촛불이다

잎이 떨어진 자리에 물든 그리움의 흔적들
쌓이면 새살 돋아날까

어머니의 초상화

세월이 지난 흔적
상처로 남은 자리
전설처럼 푸른 꿈은 허무로 떠도는데
빈 등걸 한 세상
와룡산 꽃밭에서 새롭게 열리고 있다

정지된 액자 속에
어머니 웃고 있지만
액자 밖의 어머니는 치매 소녀가 되어 있다
육이오 때 하늘이 되신 아버지 옆에 앉은 모습
마치 유년적 성적 통지서를 벽에 붙인 것 같다

정지된 벽 속에서 일어나
빗장을 걸어 놓고 영원의 바다로 향한
내 어머니는 바람 고개를 넘어갔어요
세월의 흔적이 침잠하는 슬픔을 보면서
바다는 밤낮으로 출렁이고
나 또한 그리움으로 뒤척이고

왜 목련꽃은 북쪽을 향해 피는 걸까요

떠나는 그리움, 너 낙엽

푸른 잎도 신열 오르면 울긋불긋 분단장하나 보다

타는 내음 스멀스멀 내려오던 저녁나절
쇠북은 동심원同心圓을 그리며 목어木魚를 불러내
하로전下爐殿의 파도 예사롭지 않고
운판雲版의 구름을 불러
무풍길 피바위에 걸어 두었네
허리 굽은 할머니 숨소리 높아지고
그 곱던 바람도 어디선가 성이 난 듯
쓰개치마 밑이 서늘하다

너 이름 낙엽!
바위틈에 옹기종기 모여 앉아
이별이 아쉬워 황홀했던 질풍노도의 순간을 추억하고
다시 만날 언약을 깁는 중이다
철딱서니 없는 것들 아직도 떠남이 아쉬워
엄마 가슴에 매달려
흔들리면서도 장난질에 정신없다

머잖아 떠날 이별의 노랫가락
밤이면 달빛이 머물다 간 호수 위에
옛정을 노래하며 이름 새겨
어제를 기억할 것이다

망부석

천년을 지키고 선 마음 하나로
건져 올리는 아침

여민 앞섶 적셔
가슴 설레이던 기억
오랜 잠을 깨우는 햇살로 피어
치술령 망부의 그리움
수평선을 달린다

얼어붙은 세월 저편
가볍게 흔들리는 기침 소리
투박한 서라벌의 얼굴들이 오랜
잠을 터는 몸짓으로
똬리를 틀고 앉은 온기 그 술렁임들
껍질을 깨고 쏟아내는
어둠이 뿜어내는 거친 숨소리

돌쩌귀 맺혀 구른
당신의 눈물

파도를 가르는 물길 열어
언젠가 밝혀져야 할 빛으로 살아
바다를 건너야 한다

굴함이 없던
신라의 지조 앞에
멎어 선 기다림 그
깊이 모를 하늘을 떠도는 그대
넋이라도 한번 볼 수 있다면

다시 천년의 기다림을 지킬 건강한 모습
싹을 틔워 서리라

못에 대한 명상

못이 빠져나간 기둥은
못의 모습을 기억하지 못한다

정녕 내 단언하거니
단단한 육질의 결 사이
또아리를 틀고 앉은 나이테
모진 세월만큼이나 더
아플 수 있는
싹을 틔울 수 없다

상처는 언제나 흉한 모습으로
흔적을 남긴다
기둥이
가지를 치고
무성히 숲 그늘을 거느리면
못이 빠져나간 상처
그 깊은 아픔은
기억할 것이다
기둥을

불씨

바람의 속삭임을 안아
키가 크는
그림자
임이여 그대 아픈
눈빛에 잠긴
그리움을 깨워
그렇게 닿고 싶다

산다는 것 · 2

  태어날 때 주먹을 쥐고 태어나는 것은 세상에 대한 욕심이오
  손바닥을 펴고 죽는 것은 소유所有의 비움이라
  두 손으로 잡아봐야 두 개인 걸 알지만
  놓으면 우주가 다 내 것인 것을
  마냥 잡으려는 몸부림만 화석으로 남고,

  바람이 앉았던 자리는 흔적도 없고
  낙엽이 쉬고 간 빈 마당가에는
  익숙한 낯설음이 군무群舞 중이다

  달빛이 내려앉은 바다 위에는
  달 냄새를 품은 물결
  들끓던 속마음을 헤집던 햇살로 남고,

  둘레상의 달그락거림 긴 여운을 남기고
  석유 등잔의 흔들림은 잔월殘月로 남았는데
  성냥 팔러 간 누이는 아직 소식이 없다

굽은 지팡이는 그림자도 굽어 비치고
초롱초롱한 별빛은 반야로 빛나고 있는데
남은 치부책 여백은 얼마나 되는지 그것이 궁금하다

산다는 것 · 3
― 오래된 발자국

누가 홀가분한 마음으로
무정한 세월 속으로 달리는 기차의
왕복표를 끊을 수 있을까
천장에 박힌 옹이를 보면서 밤새 생각했지
옹이의 동글동글한 눈이 나무의 사리였겠다

신들의 정원에서 펼치는 잡초들의 향연
함성 속의 고요
고요 속의 뇌전雷電
허물 벗지 못하는 위선
위선僞善의 달그림자는 서산에 걸렸는데
우리 언제 원음의 사운드에 취해 볼 수 있겠는가

뿌리가 깊다 해서 아픔인들 없겠는가
스스로 잎을 떨어뜨린 이 가을
발목 시림도 참는 만큼 슬프다
긁히고 깨진 자국 덧칠로 문지르며
속마음 얼음장처럼 빗장 질러 여며 놓고
처연한 순명을 받들어 또 하루가 저무는데,

집으로 돌아가는 길·2

  길섶의 꽃 한 송이
  이 열악한 자리에 뿌리 내려
  밤이면 도린道隣※의 유혹에 시달리지만
  척박한 곳에 뿌리 내린 게 그나마 다행일까
  아니면 불행일까
  태어남은 선택이 아니라 필연必然이거나 우연偶然
이라 했지만,

  가뭄에 목말라 아사 직전까지 간 일이 어디 한두
번인가
  날이면 날마다 발길에 채이고 허리가 부러지는
일도 허다하지만
  모가지 뎅강 잘라 콧노래 부르며 돌아설 때는
  갈앉힐 수 없는 몸부림되어 치솟는 치욕
  지리멸렬支離滅裂을 번번이 탓했으나, 어차피
  파선된 나무배 엮어 강을 건너야 했다
  돌아서야 새움 트는
  이 기막힌 윤회의 진실

주인은 왜 나를 이곳에 흘리고 아니 버리고 갔을까
유감 있어도 꿋꿋이 살자며 꽃을 피웠지만
저문 나달은 푸석거리는 흙먼지만 흩날리는데,
내일 오겠다고 돌아선 바람 다시 본 일 없고
물러간 일파만파一波萬波 다시 본 사람 없듯
끝없는 그 길을 찾아
무지개 속을 날고 있을 여명을 찾아
마지막 끝내지 못한 그 노래 한 소절 불러
망각의 강을 건너야겠다

※도린道隣: 길섶의 도깨비

집으로 돌아가는 길·3

집으로 돌아가는 길섶에서
삶의 형이상학적 고찰과 형이하학적 행동 요령이란
노트를 습득했네
있음은 이로움을 위한 것이지만
없음은 쓸모가 생겨나게 하는 것이리라 했다

비움은 채움을 위한 것이오,
채움은 나눔을 위한 것이라는 명제 앞에
낡은 그림자를 앞세워 바람길로 나서 본다

채워도 채워도 채워지지 않는 허망한 발길질
비워도 비워도 가벼워지지 않는 욕망
가득함과 가벼움의 간극
덧없어라, 이 미묘한 파장波長의 파장罷場
더는 채울 것도
더는 비울 것도 없는 방하착放下着
삶이란 공회전과 원점 회귀의 수순인 걸,

왕복 차표를 팔지 않는 간이역을 스쳐 지나며

무거워진 제 몸 하나 감당치 못하는
헐거워진 시절 인연
칠부능선 반석 위에 반성문을 놓고 간다

모든 것이 다 한 조각 흘러가는 구름인 걸!

나달이 지나는 길목

영취 자드락 숲속 오두막
설핏 잠든 밤에도 세월이 흐르는 소리 들려
산새도 잠든 밤중에 창문 열어
쏴—아 하고 영취산 정상에서 갓 태어난
비린내를 풍기는 처녀바람
순도 높은 왼쪽 귀로 가만히 귀 기울이면
반야용선의 노 젓는 소리이거나
요단강을 건너는 탐방구질 소리 같다
머잖아 다가올 그날
그 아침이 떠올라
가슴 아릿함을 안아 보는 시간

산다는 게
뒤돌아보면 안타까움만 그득하다
눈대중으로 대충대충 살아온
용맹스럽지 못한 삶의 편린들
아프다 몰염치다

계단참에 앉아 지나온 시간 뒤돌아보니

수학受學 없는 수학修學 여행을 다녀온 아쉬움
저만치 잔도棧道 위를 걷고 있는 내 삶 한 조각을
당그래로 당겨 다시 수선해 보내고
바람이 느껴지는 거리를 원시인이 되어 거닐고 싶다

내려놓을 수 없는 내 꿈은 달빛보다 먼 거리에 있다
내일은 아나키스트가 되어
떠도는 침묵의 영혼을 만나러 떠나야겠다

제3부 바람이 전하는 말

바람이 전하는 말

뒤뜰의 대나무 숲은 언제나 그 자리
내 마음은 밤새 엎어지고 뒤집고 굿판인데
새초롬한 잎에서 느끼는 지조
떠나지 못한 어둠 속에서 낭자하게 흐르는 달빛
도란도란 나누는 순명順命의 소리

오늘에야 알았네, 저 굳건한 마디와 마디의 외침
꺾이지 않는 의지
속을 비우고도 곧고 푸른 삶의 당당함
텅 비어 행복하다는
익어 가는 충만의 시간

바람 소리로 전해져 오는
한결같은 삶의 길을 설파說破했건만
해독하지 못한 무지함
외진 골짜기에 이르러서야 돌아본다
나는 매일 혁명을 꿈꾸지만
이불 밖으로 실패한 심장을 내놓고 잠드는 날이 많다

욕심으로 가득 찬 생의 편린片鱗
기생 개구리[蛙] 같은 처묵처묵한 생의 한마당
말없이 그냥 윤장대輪藏臺를 돌리며
지나온 삶을 초기화하고 싶다

신들의 정원

수런대는 신들의 수다 소리
텅 빈 공양간에 음표 없는 메아리만 넘쳐나고
영취산 허리를 감아 내린 비구름 한 자락을
문고리에 걸어 놓고 오욕을 헹구는 신새벽

마당에 뿌리 내린 잡초들의 향연
무한은 무한의 소리
유한은 유한의 소리
제 소리에 취해 허방을 놓는 언어유희
정돈과 혼동의 시간
알타미라 동굴의 눌러쓴 황소 지문을 읽으며
오늘도 거꾸로 매달린 채 동굴 벽을 긁고 있다
털 없는 붓을 들고,

신의 목소리 듣지 못하는 잡귀
잡귀의 외침에 함몰하는 쾌자 자락
고명이 명치에 얹힌 듯 비등점이 높아진다
 이러한 일들이 모자람들 춤추듯 다반사茶飯事 길
이기에

밤중 숲속 나무 지붕 위 발자국 소리
모른 체 눈을 감고 속으로만 껌뻑이고 있다

숲속의 하루는 할머니 귀동냥하듯 신들의 푸념을 엿듣는 일이다

할머니의 수레

수학 후 버려진 옥수수 밭을 지나며 상념에 젖는다
그 푸르던 청춘 보이지 않고
알맹이 다 내어 준 허허로운 생의 현장
날개가 꺾이고 굽어진 허리
경로당 앞 낡은 실버카 정류장을 닮았다

찾는 이 없는 적막, 그나마
짬짬이 찾아 주는 바람의 노래에 위로를 삼는다
한때는 키도 크고 이가 보석처럼 빛난다는 위로에
밤이면 스카프 두르고 동네 마실도 다녔지만
생의 마루턱에 서니 찬바람만 소슬하고
처마 끝에 거꾸로 매달려 멀미가 난다는 푸념이
아직은 푸르다

영취산 등산로 어귀 떡장수 할머니를 본다
부자 할머니라 소문 풍성한
허리가 몹시 굽어진 수레엔
여름이면 찐 옥수수 가을이면 송기떡과 쑥떡이 실려 있다

등산로 초입에서 생의 대부분을 보낸 할머니
눈가 주름엔 손자며 아들이 일렁이고
항시 이슬이 맺혀 있는 허허로운 시선
세월의 무상함을 반추하는
영마루의 타르초는 오늘도 펄럭이겠지

탈곡된 옥수수 밭과
할머니의 낡은 수레바퀴 구르는 소리가 오버랩 되는 늦은 오후

탈색된 자화상 · 1

동네 어귀 모퉁이를 돌아서면 몇 잎 남은 감나무 잎
얼룩덜룩 찢어지고 멍이 들어 구멍 숭숭한
질곡桎梏의 화석을 보았다
늘 맹종盲從의 건너편에 선 험난한 생의 기로
이른 아침 내 방 창가에 와 노래하는 직박구리 한 마리
뉘는 울음이라 하고
뉘는 노래라 하는데
그들의 언어를 알아채는 데 반생을 보냈다
사랑을 노래할 때는 반복되는 리듬이 화려한데
속상할 땐 후렴구는 있어도 리듬이 없다

사랑의 축제를 위해 당신 있는 곳으로 걸어갈 때
나는 보았네
탈색된 그리움을,
탈색된 자화상을,
너무 가까이 있음으로 하여 잊어버린 그리움
삶의 평형추를 이해할 때쯤
이미 귀밑에 서리 내리고 있었다

한 생애를 돌아보니 나는 바람이었다
허구를 동아줄 삼아 천 길 낭떠러지를 오르는 무모함
바람 속을 걸으면서 바람 없다는 갈구渴求
물속에 몸 담그고서도 물이 고프다는
가슴을 풀어헤친 무당이었다
진실보다 허상에 더 감동하며
어딘지도 모른 채 쉬지 않고 흘러온 여정

액자 속 어머니 염려 가득한 모습이다

탈색된 자화상·2

간드레 불씨 아직도
가슴에 남아 어둠 속의 어둠을 밝히고 있다
한때는 하왕십리를 품었고
어느 한때는 세상을 다 품으려 했던 칭기즈칸이었지
바람길은 남산에서 인왕산을 다 적셔도
마음 한 평 놓을 수 없던 기억
채워도 채워도 끝이 없던 허기진 영혼의 시간은 지나고,

밤새 베개머리에 펼쳐지는 낱말을 줍기 위한
몸부림 그리고 몽환
구절양장九折羊腸에 직립시킨 낱말들
눈 뜨면 사라지는 바빌로니아의 기호들
이리하여 내 시는 서리 맞은 도린道隣 같고
가락加樂은 통조림 속의 번데기 같다
큰 꿈을 고명으로 얹고 살아온 살림 한 평
간드레 불빛 밑에서 쳐다본 하늘
그 숱한 별들이 내 것인 줄만 알았던 당당함

과욕으로 얼룩진 착각의 시간도 있었다

산중 초가집 뒤 장지문을 열면
영취산 사면에서 흘러내리는 작은 개울이 있다
혼자 울고 싶어도 울지 못한다는 진실
하늘의 손길이 있을 때만 졸졸 노래하는,
너와 나의 흐름이 이와 같으니
세상의 끝을 물고 세상의 끝으로
쉼 없이 달려온 발자국엔
밤새 불러놓은
불립문자不立文字 휘이휘이 손 흔들며 떠나간다

삶의 흔적엔 언제나 동심원만 화인火印으로 남는다

아내의 잠

한 고개 또 한 고개 재를 넘을 때마다
인생살이 도레미 리듬은 화려하다. 아니
장엄하고 웅장하다

언제나 꿈속은 알라딘을 닮은 아이스크림이다
지평선을 쉼 없이 내달릴 때는
사랑아 손잡고 함께 가자며 환희의 노래를 불렀지,
이 순간이 인생 최고의 순수라면서,

아담이 밭을 갈고
이브가 길쌈질을 하던 그 생생한 순간이,
내 가슴 깊숙이 각인되어 용틀임하고 있으니
어젯밤에도 섬섬옥수 고운 비단을 짜기 위해 베틀을 밟았었지

노랫소리 한 옥타브 높다 하여
씨줄은 동으로
날줄은 서쪽으로 누웠어도 시선이 머문
돌샘의 맑은 물은 만당추수滿塘秋水다

눈 감으면 들리는 무음의 마음 소리
샘내듯 갖고 싶던 또 다른 내일
몽매蒙昧를 흔들고 우둔愚鈍을 깨워, 내 마지막
삶을 적시는 당신의 미소
미처 가지 못한 길
허공에 길을 내어 주는 일이 부적처럼 남아 있네

꿈꿀 수 없다는 것이 슬픔이지
꿈꿀 수 있다는 것은 얼마나 큰 축복인가

드르렁드르렁 코 고는 소리 아직도 고개를 넘고 있다

화려한 절망
— 영어 사전을 펴며

단풍 진다고
바람을 탓하랴
풍경 한 조각인 걸,

육십 년 전에
이미 알았어야 할, 그것들을
육십 년 후에 점자로 기록하는
인생살이의 수수함, 그리고 낭패

난 몰랐어라
이 고방 빈 줄을…
비어서 돌쩌귀 쉬 열릴 줄 알았지만
잡다만 가득해
끌어다 놓으면 바운스
데려다 놓아도 바운스
지워지지 않을 환청
웃고픈 절망

오늘도 하늘 한 조각 베어 물고
영어 사전 책갈피를 넘기며 시린 눈을 원망하네

우문현답
― 제1강 구멍 없는 피리

뜬금없이
아내가 물었다
뭣 때문에 태어났냐고
난, 모르겠다고 말했다
그럼, 뭣 때문에 사느냐고 물었다
그건, 더더욱 모르겠다고 말했다

작가도 아닌 그가 쓴
두터운 "인생습작기"란 가상의 책을 펼쳐 놓고
기~인 강의를 했다
나는 졸며 들었다. 추임새도 없이

난 목욕탕에서 귀를 씻었다
저녁 부엌엔 달그락거림이 없었다

밤새 난, 구멍 없는 피리를 오랫동안 불었다

우문현답
― 제2강 하나님

일곱 살짜리 딸아이가 그림책을 보다가
"엄마 누가 날 만들었어?"
빨개진 얼굴로 냉장고 문만 여닫던 엄마
흘러내리는 치맛자락을 추스르며
"하나님이 만든 거야 하나님."

고개를 갸웃하던 아이
아닌데
그게 아닌데…

벨소리에 뛰어나간 아이
"엄마 하나님 왔어."
하나님

우문현답
— 제3강 득음

아버지
아버지는 왜
위암을 에이즈라고 소문을 내고 댕깁니꺼?
글쎄 그건
그건 말이다 엄마를 지키기 위해서고
세찬 바람 소리 때문이다
그리 소문내야 바람이 자지

꼼지락꼼지락
소리를 불러들이는 바람

순간
두 사람의 바탕화면엔
눈 가린 술래가 뜬다

무지개 혹은 절망

우문현답
— 제4강 고행

너 또 어디 가니?
밥 묵으러 간다
그리 배가 고프나
그래, 밥그릇 들고도 배가 고프다
세상이
빈
밥그릇 같다

돌아가는 세상이 하 더러워서
뒷집 똥개도 한발 들고 지나가잖니!

우문현답
— 제5강 순명

운명을 거역하면 끌려가고
운명을 순명順命하면 업혀 간다고 했거늘

내 장례식에 누가 와 줄 것인가
아직 화피첩霞岥帖에 적은 소식 전하지도 못했는데
따라나선 황새울 고개

누군가는 하얀 찔레꽃 한 다발 안고
찾아 주리라 염원해 보지만…

큰 가지에 목숨 걸지 못하고
잔가지에 눈물 걸었던 지난 세월

먹물 떨어져 후회록을 다 쓰지 못한 아쉬움이 크다

우문현답
— 제6강 골산骨山

상자 하나 택배로 왔다
감사의 뜻으로 드린다는 메모가 달려 있다
고마운 마음으로 상자를 열자
'나이 한 살 무료로 드립니다. 잘 받아 주세요.'
'누구야 누가 보낸 거야.'
'싫어 싫단 말이야.'
왜 부탁도 하지 않은 일을 하고 그래,

'뭐라고요.'
'개봉을 해 반품이 안 된다고요.'

허긴 인생도 뚜껑 열면 되돌릴 수 없다 했지
탈색된 나이테에 쌓이는 부끄러움
아직 붙이지 못한 엽서를
기다리는 마음으로 돌아누워 눈을 감자

염주에 보태진 골산骨山 한 알
굴리는 세월의 무게
하늘을 업은 잔등이 시리다

묵시록默示錄 · 2
― 비석碑石

몸의 언어로 다하지 못한 말
차마 할 수 없어 가슴에 새긴 말
살아서는 욕망하지 못하는
죽어서야 갖는 훈장

바람이 수시로 빈방을 다녀가고
작은 꽃들 지천으로 핀다
이전에 듣지 못한
바람 박힌 얘기 단지
그 빗살무늬 소릴 듣는다

경계의 훈장놀이 부질없다
허기진 바람이다

추억으로 피는 흔들림
꿰매어야 할 일 있을지 몰라
실꾸리에 또 실을 감는다

오늘도 문패를 닦는다

사계四季의 미소

제4부

사계四季의 미소

저토록 환장하게 웃고 있는 저 꽃무리는
누구를 위한 몽정입니까
밤새 꽃술 위에 노닐던 나비도 견디지 못해
재가 되고 마는 환희
온 마을에 등불 켜놓고, 절로
절로, 노래하게 하는 계절
첫날밤, 그대의 혈흔처럼 영산홍 저토록 붉게 피어놓고
날 보고 어쩌라고, 어쩌라고!

지난밤의 천둥 번개는 누구를 위한 노래인가요
토닥토닥 내리는 하늘의 눈물
질동이 이고 가는 처녀의 귀밑머리 빗물에 젖고 있는데
백일홍은 붉은 꽃으로 치장하고
그리운 임 찾아가는 길에 당신의 시샘으로
오도 가도 못하고 우물가에 우두커니 선 장승이 되었다

어느 화공이 산에 오르다 물감 통을 잘못 굴러
　온 산을 울긋불긋 봉홧불 올려놓고 웃고만 있는 저 얄미운 황홀
　신열 오른 만신滿身 살며시 다가앉는 순간
　댓돌 밑의 귀뚜라미 나팔을 메고 나와
　가을 소나타를 연주하고, 초대받은
　잠자리 무용 팀의 실루엣이 곱다
　낙엽 한 장 주워 보면
　풀잎 같은 사랑과
　내 작은 눈물도 그려져 있다

　눈썹 위에 쌓이는 저 하얀 그리움은
　누구에게 보내는 안개꽃인가요
　긴긴밤에 그리움 가득 담아
　눈벌에 편지 쓰는 하얀 미망迷妄
　천사의 해맑은 미소는
　세상은 평등이라 외치는 고해성사
　송곳 같은 푸른 혈관 일어서면
　이 산 저 산으로 옮겨 앉는 메아리 따라 떠나야겠지.

세월 공작소
―달력

집 뒤 보현암 있던 자리에
시간을 가늠하는 주술사가 있다
언덕배기에 일 년을 선불한 세월, 하역을 마치고
슬금슬금 뒷걸음치고 있다
새해를 맞기 싫다는 듯이,

저 짐들은 일 년 동안 동고동락해야 할 얼굴이다
지난 연초에 너는 나에게 말했지
나체 사진을 앞세운 세월 보내고 나면 더욱 싱싱해질 거라고,
앗! 이게 뭐야
주름만 하나 더 늘고 석남 꽃만 무성하잖아
매년 믿지 말자 하면서도 속아 넘는 인생사

헌 년을 쫓아 보내고
새 년을 들이는 죄책감도 희미해지고,
더욱 뻔뻔해지는 나를 보고 나도 놀란다

살아온 날들은 빈 고둥 껍질처럼

희로애락만 남겨 놓고
게의 빌라 되어 흘러 다니는 후반기의 삶
버릴 수 없는 열두 꾸러미를 소금 독에 묻어 두고
지난 년을 조금 더 사랑해야 될지 몰라

　건너편 언덕을 바라보는 시야가 오늘따라 유난히 흐리다

날개가 닮았네

낡은 수첩 속의 덜 성숙된 무지개 같은 낱말들
미완의 씨앗들이 키 재기를 하면서
탈출 아니면 폭동의 순간을 엿보고 있다

때로는 지우고 또 지워서 허허벌판일 때가 허다하지만
얼마나 더 가꾸어야 시다운 시가 꽃으로 피어날까
잠의 어질머리 속에서 밤새 쓴 시가
아침이면 흔적도 없이 승천하고 빈 바루 속엔 허무만 가득
끊어진 시간의 간극
이어졌다 사라지는 아쉬움의 연속

살포시 젖어 버린 시밭의 냉정
시어가 머물다 간 노트 위엔
문풍지가 불어내는 휘파람 소리만 요란하다

우리 집 텃밭과 시밭이 영락없이 닮은꼴이다
철따라 씨앗 뿌리고 무성하기를 희망하지만

수확물이 가벼워 아내의 눈초리가 따갑다
"씨앗 값으로 사다 먹는 게 더 싸겠네."라는 말을
귓등으로 받아넘기며,
흐르는 물에 삽자루를 씻는다

씨앗의 키 높이를 몰라 싹을 틔우지 못하는 어리석음과
부사 집안의 "은" "는" "이" "가"를 잘못 다스려
차표를 손에 쥐고 기차를 놓치는 아쉬움
시밭 가꾸기 50년, 텃밭 가꾸기 20년, 무정도 해라
이 마음 몰라주니,
자글자글한 시詩 주름과 밭골 속엔 상념想念만 가득하고
밤새도록 시밭을 헤매는 꿈을 꾼다

융의 원형原型을 찾아서

탕 안에 들기 위해
하나둘 허물을 벗고 원음原音의 소리를 듣는다
언제 우리가 한번이라도 위선의 벽을 허물고
천사의 모습을 보여 준 적이 있는가를 생각한다

거짓의 가면을 쓰고
급조된 웃음을 흘리며
가면무도회를 즐기는 동안
등창 곪는 줄도 모르고
한 치도 안 되는 혓바닥으로
지구를 감쌀 수 있다는 오만
생의 한 귀퉁이를 돌아선 순간
금이 간 달팽이관엔 바람도 머물지 않는다는 사실을
오늘에야 알고 긴 젖대로 후벼대 보지만
부질없다는 것도 알았다

겨울 산이 헐벗었다고 이야기 마라
나무는 나무대로 이끼는 이끼대로

순리 따라 살아가는 방법을 안다
내일 더 푸르기 위해 내려놓는 지혜
나는 무엇을 버려 가벼워졌는가를 생각한다
아니 켜켜이 쌓아 온 삿된 욕망들
나무 앞에 서면 부끄럽다

나는 언제쯤
텅 빈 충만을 기쁨으로 기억할 수 있을까

다비장茶毘場 가는 길

코스모스 한 송이 하늘을 받쳐 들고
다비장 길섶에 외롭게 섰다
걸어서는 넘을 수 없는 고개
잉여 없이 오르는 가교駕轎의 가마발이
오늘따라 유난히 붉다

잃어버린 치부책置簿冊 찾아 떠났던 저승사자도,
마실 나갔던 곡비哭婢 돌아오니
순간, 무풍한송길舞風寒松道 울음소리 낭자하고
목탁 위 졸고 있던 화두話頭, 그도
놀라 눈 비비며 달려 나와
오르는 이 있어도 내려오는 놈 없더라며
묵언염불默言念佛로 종언終焉 길 쓸고 있다

늘 푸르던 그 계절
그 계절의 연극과 질풍노도의 여정旅程
스스로 끈을 놓아
떨켜의 철학을 사유하는
창호지 밖 새로운 생의 첫날

호적胡笛 소리에 흔들리는 깊고도 먼 길
상두꾼의 애조 띤 매김 가락
선정禪定 든 노송을 깨운다

하늘 대문 열리는 화중련火中蓮

폐사지廢寺址의 풍경 소리

풍경 소리의 낮은음자리와
목탁 소리의 높은음자리가
에둘러 어우르는 교감交感
퍼덕거리다 맞잡는 빛깔과의 교직交織

잠에서 깬 영취산이 밤새 울리던 남은 목탁 소리며
풍경 소리를 쓸어 담고 있다
누가 남기고 간 것이기에
떠나지 못하고 주인을 찾고 있을까

아무 소리도 짓도 없이
차향茶香에 잠겨 볼까
목숨을 적요寂寥하게 쓸어안고
깊이도 모를 내 눈물에 젖어 볼까

어제를 고쳐 앉은 오늘
오늘을 고쳐 앉을 내일
내일은 어떤 색깔의 무지개가 뜰는지 궁금한, 순간
가슴속 알싸한 빗금이 지나간다

구룡지의 달빛

밤이면 달빛을 두레박에 가득 담아
구룡지 연꽃 한 송이 피워 올리니
천년 고찰 풍경風磬 하얀 연꽃으로 피어나
다시 천년으로 이어지는 성찰
연꽃 위의 앉은 노승
찻잔에 어리는 모습 깊고 고요하다

다비장으로 마중 나갔던 응애 스님
돌아오지 않고 시봉 들다 따라갔네

노스님 마른 기침 소리
역사 속에 아득한데
세상이 서러워 능성이의 동박새 저리도 울고
중생의 눈물로 푸른 옷깃 적시지만
어차피 산다는 것이 고행이라
서방정토 찾아가는 학의 날개처럼 훨훨훨
그렇게 또 천년을 찾아 나설 것이라네

화두話頭를 찾아서

좌판 위에서 처음 본 하늘 푸르기도 하다
내 이름은 코끼리 조개
뭍으로 납치된 지 나흘째
물밑 가솔에게 몸조심해야 한다는 말 전해야겠다는 일념으로
긴 코 내밀고 둘러보다가
"아따 이놈으로 주시오."라는 아줌씨의 한마디에
입었던 단벌옷도 벗어 둔 채
둘레상의 달그락거리는 소릴 듣고 있다
우리 엄니는 어찌 코 내밀면 쉬 납치된다는, 사실을 알려 주지 않았을까

석가모니가 가섭에게 법통을 전한 증거의 하나로
슬피 우는 가섭에게 곽槨 속에서
두 발을 내밀어 생과 사는 하나라고 전한 일을
곽시쌍부槨示雙趺라 했다

코끼리 조개가 내민 긴 팔이나
석가모니의 두 발의 내보임은
삶의 길 찾기 화두다

부처의 외출

천년을 살아 낸 나무의 목주름을 본 적이 있나요

그 주름은 인고의 세월이 층층이 쌓인 흔적이리라
미물에게 몸 내어 공양하고 동굴 만들어
스스로 굳어 바위가 된 등걸
만고풍상의 흔적 눈물겹다
통도사에 가면 냇가에서 설법 중인 부처를 만나 볼 일이다

그도, 천년 법문을 들으면 부처가 되나 보다

공양간供養間 앞에 세월을 잊은 지 오래된 팽나무 한 그루
흔들림 없이 당당한 모습으로 오늘도 법문 중이다
천년을 가슴에 안고 내[川] 거느리고 서 계시는 모습
앞으로 보나 옆으로 보나 득도한 노보살, 아니
부처의 외출이 아닌가 싶다

넉넉한 품 아래 야단법석을 세운 묵언법문默言法問

말씀은 천리를 가로질러 등불을 켠다
  달빛이 고요한 밤이면 고향이 그리운 학승을 안아주고
  울고 싶을 때 함께 울어 주는 어머니의 품이 되기도 한다
  때로는 내 건너 홍단紅丹의 웃음소리
  추상같은 불호령으로 훈도하는 날에는
  냇물도 조신하게 무풍교舞風橋로 흐르고,

  울 엄니 열일곱에 종갓집 종부로 살다 하늘이 되셨지만
  노보살을 만나면 엄니의 분신을 만난 것 같아 눈물이 난다
  엄니의 목주름은 노보살을 꼭 닮았었지,
  발길 놓을 때마다 보살의 품에 안겨 쉬던
  어머니의 모습 살아서 다가온다

구선봉을 바라보며
― 통일전망대에서

명파리 잔물결은 오늘도 남북을 오가는데
얼마나 더 진한 눈물 흘려야 물이랑 생기겠는가
얼마나 더 큰 한恨의 응어리 맺혀야 녹슨 철조망 걷히겠는가
망향의 그리움은 눈물 되어
수평선 위에 깃발처럼 흔들리고 있다

녹이 쓴 구멍 난 상흔傷痕의 철모
주름진 세월 속에 길을 잃고 헤매는 영혼들
철조망에 감긴 검푸른 손수건
아직도 붉은 피 뚝뚝 떨어지는 그 한恨을
어떻게 무엇으로 풀 수 있을까
억장 무너지는 안타까움
태질할 수도 없으니,
바람의 숨결이 다른 지척咫尺
이것들아 세월이 서럽잖아,
돌아서면 눈물 나잖아,

한恨의 승천昇天으로 금강산과 손잡는 오후

남북 합수合水물에 손을 씻고 마음은 이미
구선봉에 올라 메아리 메아리로 여울지네
온정리가 지척이요 장단이 코앞인데
노랫소리 들리느냐,
흔드는 하얀 손 보이는가,

금강산 철길은 얼마나 땅을 치며 울었길래
저토록 녹슬어 처연한가!
온정리가 젖는다, 장단이 젖는다
할배 제삿날도 잊은 자손들아 부끄럽지 않는가?

베갯머리까지 따라온 금강산의 기적 소리 신열로
돋아나는 아픔이다

천년 전 나를 찾아

천년 전 스친 바람의 흔적을 찾아 남산을 오른다

인걸人傑은 간데없고
용마루에 걸터앉은 이끼만 처연하고
천년 세월을 이고 온 기와 조각만
지난 세월 거슬러 눈가에 이슬 머금고 있다

들릴 듯 말 듯 돌을 쪼는 석공의 헛기침 소리
아사녀의 한숨 소리에 스멀스멀 밀려가는
이슬 머금은 가을
나삼羅衫을 입은 눈이 큰 소녀가 죽간竹簡을 꿰고 있다
세월은 녹이 쓸어 이리저리 흩어졌는데
영지影池에 비친 무영탑의 전설만
나그네의 가슴을 아프게 한다

애가 타고 목이 마르도록 소리쳐 불러보는 모정
산기슭 굽이굽이 돌아 동해와 입 맞추는 석굴암
갈 길은 멀고 해는 또 저무는데

깊은 심연深淵으로 침잠沈潛하는 말씀 불망不忘이다
김대성의 마음은 어머니의 품에 안겨 합장하고 있으리라

허궁을 나래 치던 천마의 갈기
아직도 말발굽 소리 동해 바다의 푸른 새벽을 깨우고 있을까

와불臥佛의 그림자

　천년 하늘을 이불 삼고 대지를 베개 삼던, 와불臥佛
　드디어 긴 잠에서 깨어날 잠꼬대를 한다니, 아마
　천년 동안 품어야 부화孵化한다는 천년 새알 날개
돋아 다 이소離巢했나 보다
　천년을 꼼짝없이 그림자 한번 남긴 일 없이
　하늘의 무게를 감당했으니 어찌 손발 저림뿐이겠
는가!
　수많은 고승이 명멸明滅해 가고
　창세기를 보아 온 당신이 일어나 앉으신다니
　이 못난 세상 향해 사자후獅子吼를 토하고
　기다림의 그림자를 보여 주세요

　늘 푸르고 웅심 깊던 씩씩함이 가을을 맞이하니
　밤이면 시간의 강을 건넨 와불臥佛을 닮아, 때로는
　깜짝 놀라 흔들어 봐야 평심이 되는 계절
　귀밑머리 풀어 놓고 빈 수레 끌고 왔으니 원망이 산
처럼 쌓여겠지만,
　품안에 자식들 하나둘 제자리로 이운移運하고
　묵묵히 오십 년을 그 자리에 버틴 세월
　기댄 석불石佛의 미소가 와불臥佛에게 무슨 힘이 되

었으랴만
  단지 와불과 석불이 만나지 못한다고 생각하면
  오십 년의 인연을 어찌하고 이승을 뜰까
  또 허무를 어쩔 거나!

  생의 하중을 무겁게 이끌고 와
  늘 삐거덕거리는 소리만 남았다 하다가도
  손자들 목소리에
  생와불生臥佛도 노래 부르며 사바세계로 달려가
는데,
  맛없는 인생을 차려놓은 식탁이
  뭐 그리 즐거웠겠냐만, 겉으로라도
  웃어 준 세월 고마워 뜬금없이 골목길 쓸고 있다

  자기 관리 못한다고 입이 부르트고 눈 흘기지만
  아침이면 주스잔과 분홍 입술 내미는 여자
  술패랭이꽃이 핀 산책로를 따라 걷다 보면
  머리에 핀 안개꽃 속에 웃음꽃 섞여 있어 참 다행
이다

꽃무릇 · 2

여인의 핏빛 설움
그늘진 계곡에 환장하게 피어
눈짓에도 흔들리는 왕관을 쓴 머리채
그 애달픔,
사랑의 뒷모습 저리도 애처로운 걸까

속세의 그리움이 눈빛 모은
야단野壇에 법석法席
있는 것이 없는 것이요, 없는 것이 있는 것이라는
무위無爲
한 말씀 흘려 놓고
저리 붉은 가슴
안개비 밟고 가는 골짜기 곳곳마다
돌아서 가지 못하게 불을 질러 놓았습니다

꽃무릇 한 송이 뚝 잘라 보고 싶은 욕망
내 마음의 누란累卵입니다

불립문자不立文字 휘이휘이 길 떠납니다

길 위에서 길을 묻다

산은 산에게 길을 묻고
물은 물에게 길을 묻는다
나는 길 아닌 길 위에 서서 길을 물었다
어디로 가야 하느냐고?

뉘는 동으로 가라 하고
누구는 서로 가라는데,
똑바로 오 리쯤 가다 동쪽으로 한 마장 더 지나
수양버들 오거리 나오면 신당 길로 가라 했다
가다가다 주저앉아 하늘에 대고 욕을 했다
사는 게 이토록 여울지고 힘든 것인지
어찌 짐작이나 했겠는가?
되돌아서야 할 꼭짓점이 어디쯤인지
아직 눈치채지 못한 나의 어리석음

  그림자만이라도 색깔 있으면 좋겠다는 생의 중심 선언
  주야장천晝夜長川 위로만 욕망했지만
  내 분신 그림자는 가장 낮은 곳으로만 흘러왔다

생을 저당 잡히고 점괘를 받는 일이 잦아진 오늘
창상創傷이 나도록 돌고 돌아 앞을 보니 그 자리다
비로소 내가 선 자리가 명당임을 안 순간, 아

이를 터득하는데 망팔십년

저 고독한 신의 그림자

강민수 시인의 시 세계 | 해설

[해설]

삶의 성찰과 극복의 시학
―강민수 시인의 시 세계

기청 | 시인·문예비평가

 시란 무엇인가? 시의 정의에 대해서는 저마다 관점에 따라 다양한 견해를 보이고 있다. 아우구스티누스는 시를 '악마의 술'이라 하고 투르게네프는 '신神의 말'이라 했다. 악마와 신, 얼핏 정반대의 의미로 들릴 수 있다. 하지만 결국 같은 지점으로 통한다. 악마가 마시는 술이니 '취하게 한다' '감동을 준다'의 의미가 되고 신의 말은 진리와 통하고 따라서 감동을 주게 되는 것이다. 결국 시는 삶의 체험을 통한 성찰이고 그것은 독자의 공감을 통한 카타르시스로 귀결된다.
 이것은 일찍이 아리스토텔레스가 『시학』에서 지적

한 시의 핵심 가치인 감동으로 연결되는 것이다.

강민수 시인은 이번에 모두 아홉 번째 시집을 내는 비중 있는 시인이다. 그만큼 오랜 기간 동안 작품 활동을 해왔고 신라문학상, 고운 최치원 문학상 대상을 수상하는 등, 자신의 문학을 통한 성과를 인정받고 있는 것이다. 또한 부산 불교문협 주간 등을 역임하여 불교 문학 쪽에도 많은 관심을 기울였다. 이 점은 본 시집을 이해하는 중요한 단서가 되리라 본다.
먼저 원고를 정독하면서 강 시인이 제기한 '시인 농부론'을 관심 있게 읽었다. 시인의 가치관, 세계관은 필연적으로 시의 주제 형성에 영향을 주고 해석의 단서가 되기 때문이다.

> 때로는 지우고 또 지워서 허허벌판일 때가 허다하지만
> 얼마나 더 가꾸어야 시다운 시가 꽃으로 피어날까
> 잠의 어질머리 속에서 밤새 쓴 시가
> 아침이면 흔적도 없이 승천하고 빈 바루 속엔 허무만 가득
> 끊어진 시간의 간극
> (중략)
> 씨앗의 키 높이를 몰라 싹을 틔우지 못하는 어리석음과
> 부사 집안의 "은" "는" "이" "가"를 잘못 다스려

차표를 손에 쥐고 기차를 놓치는 아쉬움

시밭 가꾸기 50년, 텃밭 가꾸기 20년, 무정도 해라

이 마음 몰라주니,

— 〈날개가 닮았네〉 일부

　인용 시의 앞부분은 시 쓰기의 어려움을, 뒷부분은 그의 구체화로 되어 있다. "얼마나 더 가꾸어야 시다운 시가 꽃으로 피어날까"에서 시가 꽃으로 은유되고 시인은 농부로 환치된다. 시인의 고뇌를 상징하는 것은 '허무'와 '잠의 어질머리'다.

　이어서 솔직한 심경 고백이다. 그것은 경험 부족에서 오는 농부로서의 '어리석음'과 시인으로서 창작 초기 표현상의 아쉬움을 구체화하고 있다.

　정리하면, 시인은 농부다. 역으로 농부는 시인이다. 결론은 농부나 시인이나 어렵기는 마찬가지다. 어느 한쪽의 선택만으로도 힘겨운 일인데 두 가지를 겸하기는 더욱 고달픈 일이 아닐 수 없다. 하지만 생각의 전환이야말로 삶의 지혜가 아닌가?

　시를 짓듯이 농사를 짓고 농사를 짓듯이 시를 쓰면, 아마도 강 시인은 이런 묘수妙手를 터득한 달인이라 여겨진다. 시인의 자화상을 절묘한 비유를 통해 효과적으로 드러내는 작품이다.

　작품 전체를 관통하는 주제 표현상의 특징으로는,

첫째 보편적 서정주의를 기본으로 하는 점, 둘째 불교적 세계관이 바탕을 이루며, 셋째 산문적 경향은 현실 반영의 기폭제가 되는 점 등이다. 이런 특징들이 구체적으로 작품 속에서 어떻게 구현되고 있는지 살펴보기로 한다.

1. 서정과 성찰

  화공이 떨어뜨린, 저 시리도록 아픈 단풍
  불러도 붙잡지 못하는 바람
  그 바람 따라 긴 여로에 나서는 붉은 물결
  뭇사람 가슴 설레게 하더니
  이제 그냥 떠나신다구요
  임이 떠나는 산마루에 서서 가슴앓이를 하네

  한 계절 살아온 스스로를 뒤돌아보면
  울긋불긋 마치 한 자루의 촛불이다

  잎이 떨어진 자리에 물든 그리움의 흔적들
  쌓이면 새살 돋아날까
          ― ①〈만추晩秋·2〉 전문

  동네 어귀 모퉁이를 돌아서면 몇 잎 남은 감나무 잎

얼룩덜룩 찢어지고 멍이 들어 구멍 숭숭한

질곡桎梏의 화석을 보았다

늘 맹종盲從의 건너편에 선 험난한 생의 기로

이른 아침 내 방 창가에 와 노래하는 직박구리 한 마리

뉘는 울음이라 하고

뉘는 노래라 하는데

(중략)

한 생애를 돌아보니 나는 바람이었다

허구를 동아줄 삼아 천 길 낭떠러지를 오르는 무모함

바람 속을 걸으면서 바람 없다는 갈구渴求

— ②〈탈색된 자화상·1〉 일부

  예시 ①은 현상계의 가을, 계절이 주는 떠남의 슬픔을 연인의 이별에 빗대어 노래한다. 그에 비해 ②는 시인의 자화상을 '감나무 잎'에 빗대어 그렸다.

  늦가을 단풍을 '붉은 물결'로 다시 '촛불'로 은유되면서 극적인 승화를 가져온다.

  "한 계절 살아온 스스로를 뒤돌아보면"에서 '삶의 성찰'이란 중의적衆意的 표현으로 확장된다. 단풍이 '촛불'처럼 스스로를 불태우고 다시 '새살'로 돋기를 염원하는 것은 소멸에서 재생을 지향하는 화자의 인식이 드러난다.

  예시 ②에서 '감나무 잎'은 화자의 객관적 상관물

(분신)이며 자화상이다. 그것은 자신의 삶을 '질곡의 화석'으로 인식한다. 나아가 한 생애를 '바람'으로 규정한다. 이것은 순응적이지 못한 기질 탓이기도 하지만, 보다 근원적인 생의 무상無常을 깨친 것이다.

그것은 '허구' '무모함' '갈구'에서 구체화된다.

둘 다 한국적 서정시의 감각 정서를 살려내는 훌륭한 전통의 맥을 잇고 있는 점에서 독자에 대한 신뢰를 준다.

2. 삶의 흔적과 무상無常

세상에 변하지 않는 것은 없다. 변하는 것은 괴로움이고 언젠가는 생겨난 것은 모두 사라진다. 이 명제에 예외는 없다. 하지만 예외를 꿈꾸는 사람들을 전도몽상顚倒夢想이라 한다. 바로 보지 못하는 무명無明 때문에 후회를 남기지만 역설적으로 그런 실패의 삶이 진리를 불러오는 계기가 되기도 한다.

> 알천북로를 지나 불국사 초입에서
> 화랑의 실루엣을 보았다
> 천년 세월을 구름 속에 머물다 찾아온 현몽
> 돌아서는 아쉬움의 뒷모습
> 삶의 지문이 저토록 선명할 수 있단 말인가

(생략)

지문 속에 생채기로 남은 옹이

순리에 손잡지 못한 나의 모습은

어느 계단참에서 용서와 화해를 기원하고 있을까

가장 낮은 곳에서

가장 먼 꿈을 꾸는 탕자의 그림자엔

언제나 애잔함과 후회가 남는다

　　　　　　　　　　　─③〈삶의 뒤안길〉 일부

가을비 내리는 날 오후

고향 집 돌담 너머 덕수 아재 집이다

자식 따라 서울로 떠난 아재

떠나기 싫다며 황소울음 울던 아재

풍문엔 세상 떴다는 이야기도 있고

서울역 뒤쪽에서 붕어빵을 굽는다는 말도 있다

처마 밑에 덩그러니 외로워 보이는

아재의 보물인 지게가 보인다

장독대 옆 꽃들은 간만에 가슴을 열고 갈증을 식히고

　　　　　　　　　　　─④〈덕수 아재〉 일부

예시 ③은 역사 속의 인물을 통해 비추어 본 화자의

자화상을 그린 작품이고 ④는 이웃 '덕수 아재'의 삶을 통해 반추하는 무상의 의미를 담담하게 그려내고 있다.

불국사 초입에서 만난 '화랑'의 흔적을 통해 자신의 삶을 대비시킨다. 화랑의 '선명한 지문(소신 있는 삶)' 대신 화자의 '후회와 애잔함'이다. 하지만 '용서와 화해'의 기원을 통해 구원을 모색한다.

예시 ④에서는 '덕수 아재'의 삶의 부침浮沈을 통해 지난 세대의 꿈과 좌절이란 무상을 그렸다. 앞부분은 풍문을, 뒷부분은 '지게'라는 상징을 통해 삶의 고난과 좌절을 담담하게 풀어낸다.

3. 회한의 극복

어려운 고난의 시대를 살다 돌아가신 어머니에 대한 애틋한 그리움을 담은 사모곡 한 편과 일생을 함께 해 온 아내에 대한 신뢰와 사랑을 담은 시 한 편을 보기로 한다.

두 경우 모두 성격은 다르지만 무거운 회한을 남기고 있다. 하지만 현실을 어떻게 극복하고 승화시키는지 살펴보기로 한다.

세월이 지난 흔적

상처로 남은 자리
전설처럼 푸른 꿈은 허무로 떠도는데
빈 등걸 한 세상
와룡산 꽃밭에서 새롭게 열리고 있다

정지된 액자 속에
어머니 웃고 있지만
액자 밖의 어머니는 치매 소녀가 되어 있다
육이오 때 하늘이 되신 아버지 옆에 앉은 모습
마치 유년적 성적 통지서를 벽에 붙인 것 같다
(중략)
왜 목련꽃은 북쪽을 향해 피는 걸까요
　　　　　　　　　　　 ─ ⑤ 〈어머니의 초상화〉 일부

한 고개 또 한 고개 재를 넘을 때마다
인생살이 도레미 리듬은 화려하다. 아니
장엄하고 웅장하다

언제나 꿈속은 알라딘을 닮은 아이스크림이다
지평선을 쉼 없이 내달릴 때는
사랑아 손잡고 함께 가자며 환희의 노래를 불렀지,
이 순간이 인생 최고의 순수라면서,
(중략)

꿈꿀 수 없다는 것이 슬픔이지
꿈꿀 수 있다는 것은 얼마나 큰 축복인가
― ⑥〈아내의 잠〉일부

예시 ⑤ 앞부분에서 '푸른 꿈'과 '허무'의 대조와 '빈 등걸 한 세상'을 통해 어머니의 고난을 암시해 준다. 또한 뒷부분의 액자 속(웃는 모습)과 밖(치매 소녀)의 대조를 통해 구체화된다. 하지만 '와룡산 꽃밭'에서 새로운 생명(꽃)으로 피어나기를 염원하면서 별리別離와 부재不在의 허무를 극복하고 있다.

예시 ⑥에서는 아내의 잠든 모습 속에서 함께 해온 날들의 영광과 못다 한 회한까지도 떠올린다. '삶의 고비를 넘을 때'의 인식은 긍정적이고 진취적이다. "꿈꿀 수 있다는 것은 얼마나 큰 축복인가" 현실이 비록 고난일지라도 좌절하지 않고 일어서는 용기와 희망은 불가능을 극복하고 진정한 행복으로 나아가는 원동력인 것이다. 화자의 긍정적 인식과 태도(가치관)에서 현실의 고난을 극복, 승화시키려는 의지에 공감과 감동을 느낀다.

4. 현실 반영의 시

시인은 개아個我일 때 자유로운 발상으로 그만의 세

계를 꿈꾼다. 하지만 사회적 자아일 때 무거운 책임과 함께 공생의 사회를 꿈꾸게 된다. 강민수 시인은 현실 문제를 결코 눈감고 지나치지 못한다. 이때 산문시 형식을 취하는 것은 보다 리얼하고 생동감 있는 표현을 통해 문제의 심각성을 강조하는 효과를 가져온다.

조선 시대 당쟁을 탕수육 먹는 법에 빗댄 글이 있다. 중국 음식 탕수육이 조선에 들어오자 논쟁이 벌어졌다. 소스를 부어 먹어야 한다는 '부먹파' 동인東人과 찍어 먹어야 한다는 '찍먹파' 서인西人이 다툼을 벌였다. 이로 인해 동인은 둘로 쪼개졌다. 소스를 붓더라도 양해를 구해야 한다는 남인南人과 양해는 무슨 그냥 부으면 된다는 북인北人이다 (중략)

헛웃음이 나오는 우스갯소리지만 이보다 깊은 통찰이 또 있겠는가, 목숨 걸고 싸웠던 당쟁이 고작 탕수육 먹는 방법을 놓고 다투는 하찮은 일이 아닌가?

같은 하늘을 이고 살 수 없다는 듯 서로에게 극단의 언사와 몸부림이 오늘의 이 땅 위에 재현되고 있다

― 〈여의도 연가〉 일부

오늘의 한심한 정치 현실을 조선 시대 일화의 인용을 통해 풍자 고발하는 성격의 현실 반영 시다. 이른

바 '부먹파'와 '찍먹파'의 당리당략과 무한 정쟁은 호랑이굴 앞에서 서로 밀어 넣는 꼴이다. 국론을 통일 시켜야 할 의회가 사색당쟁이라는 달갑지 않은 유산을 되풀이하는 모습을 통해 경각심을 일깨운다. "같은 하늘을 이고 살 수 없다는 듯"에서 극단의 한계 상황을 느낀다. 〈여의도 연가〉란 제목의 역설이 씁쓸한 여운을 남긴다.

 이념과 생각은 다를 수 있지만 국익과 미래의 꿈은 한 방향으로 모아져야 한다. 분열과 혼란의 동물적 몰이성沒理性 사회에서, 인본 중심의 진정한 이성 사회로 회복되어야 할 것이다.

 이상에서 강민수 시인의 시 세계와 주제 표현상의 특징을 살펴보았다. 정리하면, 서정주의의 바탕 위에서 다양한 정서를 노래하지만, 특히 절제와 균형을 통해 시의 품격을 높이고 있는 점, 강 시인 특유의 '시인 농부론'이 상호 상승작용을 가져오는 점, 삶의 성찰과 무상의 극복이라는 주제 구현을 위해 그 바탕에 불교적 가치관이 적절하게 받쳐 주고 있는 점, 시에 자주 또는 비중 있게 등장하는 중심어, '옹이' '더께' '질곡' '허무' 등 의미망을 통해 주제 구현에 기여하고 있는 점 등이 그의 시를 든든하고 빛나게 만드는 원동력이 되고 있다.

이번 제9시집 발간을 통해 그동안의 시업을 정리하는 의미뿐 아니라 앞으로도 시와 함께 더욱 깊고 풍요로운 마음의 평화와 안락이 함께하길 독자와 함께 기원하면서 이 글을 맺는다.

후기

삶의 여정을 풍요하게 굽고 마무리하고 싶다

  시를 쓰고 접한 지 55년 만에 9번째 시집을 엮는다.
  시는 내게 있어 말하고 싶을 때 부른 한 소절 노래였다. 돌아보면 그저 사람과 사물에 얽힌 고만고만한 일들이지만 그로 인해 내겐 깊은 깨달음과 이해와 사랑을 그리고 사회의 큰 어른과 문단에 대선배님을 만나는 큰 은혜를 입었다. 나름 괜찮은 사람이 되기 위해 몸부림친 시간들, 나를 아는 모든 이에게 큰 누는 되지 않았는지 하는 두려움이 있다.
  여정 속에 순간의 울분과 순간의 희열, 특히나 이루지 못한 소망들을 내품하지 못하고 시라는 매개체를 통해 수면 위로 떠오른 것이 내 시의 본질이라고 생각된다.

9번째 시집을 묶으면서 다시 반성과 성찰을 갖게 된다. 어느 시간의 모습이든 그게 다 나의 얼굴 즉 원판이라 생각된다. 후회는 없지만 미련으로 남는 일 몇 가지가 있다.

첫째는 1969년 육군 일병일 때 조선일보 유건호 주필님의 인생 수업과 글쓰기의 지도는 내 생의 인격 형성기에 잊을 수 없는 가장 큰 영향을 주신 어른이시다. 조선일보 시단에 수차례 시를 게재했던 일. 그리고 시인으로 우뚝 서면 소주 한 병 들고 찾아뵙겠다고 약속했던 일, 지금은 허사가 되고 말았다. 우뚝 서지 못한 이유(변변치 못해)가 앞서기도 하지만 선생님은 지금 하늘나라에 계시기에 약속을 지키지 못하는 큰 아쉬움으로 남는다.

둘째는 고향 형인 박재삼 시인에게 휴가나 외출 때마다 식객이 되고 왜 등단시켜 주지 않느냐고 습작을 들이대며 징징대던 일들이 주마등처럼 스쳐 지날 때는 많이 부끄럽다. 등단시켜 주지 않아 객기로 출간한 시집이 첫 시집 『메아리』(1969년)다.

가르침 주실 때 데면데면했던 시건방은 반성과 후회가 골산骨山처럼 쌓인다.

사부님의 말씀에 시는 타인과 함께 울 수 있는 시가 좋은 시라 배웠다. 즉 공명共鳴. 공명은 한자 뜻 그대로 더불어 우는 일이다. 남의 감정에 공명할 수 있는 사회는 건강한 사회다. 시를 가까이 하면 공명하는 품성을 배울 수 있다. 시는 타인에게 무관심한 이들에게 슬픔과 고통을 느끼게 하고, 남이 울면 따라 울 수 있는 마음과 슬퍼할 줄 아는 단초를 제공하기에 정신적인 양식이라던 말을 영원히 간직하고 있다.

  시집을 엮을 때마다 느끼는 것이지만, 남의 시집 읽기를 즐겨하는 사람으로 절창의 문장을 만나면 무릎을 치며 필사筆寫도 해보고 산행이나 운전할 때 중얼거리며 즐거운 시간을 많이도 가졌다. 그 절창의 시어나 문장들이 육화되어 나의 시집에 혹여 스며들지 않았을까 하는 염려도 있다.

  내 시는 함축을 시의 생명으로 여긴 게 과했던지 시가 어렵다는 독자 있어 이번 시집은 독자를 위해 산문 같은 시를 쓰려고 노력했다.

  시도 연치年齒가 쌓여지니 늙고 허무주의적 경향으로 흐르는 것 같다는 느낌이 있다.

  시를 짓는 시인보다 남의 시를 읽고 희로애락을 함께 하는 이가 진정한 시인이라는 생각에는 변함이 없다.

  은혜 주신 많은 분들께 고개 숙여 큰절 올립니다.

2024년 가을
독짝골 우거에서
강민수

집으로 돌아가는 길

발행 ǀ 2024년 10월 30일
지은이 ǀ 강민수
펴낸이 ǀ 김명덕
펴낸곳 ǀ 한강출판사
홈페이지 ǀ www.mhspace.co.kr
등록 ǀ 1988년 1월 15일(제8-39호)
주소 ǀ 서울특별시 종로구 인사동11길 16, 303호(대형빌딩)
전화 02-735-4257, 734-4283 팩스 02-739-4285

값 12,000원

ISBN 978-89-5794-571-1 04810
　　　978-89-88440-00-1 (세트)

※저자와의 협약에 의해 인지는 생략합니다.
※이 책의 저작권은 저자와 본 출판사에 있습니다.
※이 책은 2024년 양산시 지역문화 진흥기금을 지원받았습니다.